"*À toutes les âmes brillantes qui se sont jugées pour n'avoir 'rien fait' alors qu'elles tentaient simplement de rester alignées dans un monde qui les poussait à se trahir.* » Marieme Seck.

L'AUTRICE (ENFIN.. ÇA DÉPEND) _____ 7

PARTIE I : DÉMASQUER LE MENSONGE   15

CHAPITRE 1 - CE N'EST PAS DE LA FLEMME, C'EST DU BROUILLAGE. 18

CHAPITRE 2 - LE MYTHE DE LA MOTIVATION. _____ 26

CHAPITRE 3 - LE CORPS PARLE, MAIS PERSONNE DE L'ÉCOUTE. ____ 34

PARTIE II : LE DÉSALIGNEMENT   42

CHAPITRE 4 – TU FAIS FAUSSE ROUTE. _____ 44

CHAPITRE 5 – CE N'EST PAS LA TÂCHE. C'EST TON ÉNERGIE. _____ 51

CHAPITRE 6 — QUI A PLANTÉ CETTE GRAINE DANS TA TÊTE ? _____ 60

PARTIE III : LE RÉALIGNEMENT PROFOND   68

CHAPITRE 7 – RECALIBRER TON RYTHME SACRÉ. _____ 70

CHAPITRE 8 — LE POUVOIR DE L'INTENTION ULTRA-CLAIRE. _____ 78

CHAPITRE 9 — L'ENVIRONNEMENT, TON TROISIÈME CERVEAU. _____ 85

PARTIE IV : LA TRANSMUTATION   92

CHAPITRE 10 – TRANSFORMER LA HONTE EN POUVOIR. _____ 94

CHAPITRE 11 — LIRE LES MESSAGES CACHÉS DE TON INACTION. __ 101

CHAPITRE 12 — DE L'ACTION À L'EXPRESSION SACRÉE. _____ 108

PARTIE V : APRÈS LE LIVRE   114

CHAPITRE 13 — ET MAINTENANT ? _____ 116

CONCLUSION - ET SI TU AVAIS TOUT COMPRIS DEPUIS LE DÉBUT ? 121

L'AUTRICE (ENFIN.. ÇA DÉPEND)

Je m'appelle Marieme.
Et non, je n'ai jamais rêvé d'écrire un livre. Je n'étais pas de celles qu'on surprend, adolescente, à noircir des carnets dans l'espoir de devenir la Coelho du 21e siècle.

En vérité, j'ai simplement atteint un seuil. Un point de saturation face aux discours qui simplifient à outrance.
Ce moment précis où j'en ai eu assez d'entendre que la procrastination était une affaire de paresse ou de "manque de motivation".

Assez de voir des esprits lumineux se décomposer à force de to-do lists, de réveils à 5h et de vidéos de "discipline extrême". Assez, surtout, de ce mensonge collectif : *si tu bloques, c'est que tu es le problème.*

Alors j'ai écrit. Pas pour "enseigner". Mais pour remettre du vrai là où tout sonnait faux. Pour dire ce que personne ne dit : **Et si la procrastination était un cri du corps, pas une erreur de caractère ?**

Ce livre est pour toi, si tu t'es déjà demandé pourquoi tu bloques sur des choses supposées "simples".
Si tu te sens souvent décalé·e dans un monde qui tourne en boucle sur la performance, l'optimisation, et ce mythe étrange de "devenir la meilleure version de soi-même" (comme si on était un logiciel à mettre à jour…).

J'ai grandi avec l'étiquette de "potentiel inexploité" collée au front.

Traduction : je ne rentrais pas dans la case prévue. Je n'exécutais pas le programme. Et très tôt, j'ai compris que dans cette société, **refuser le mode automatique**, c'est suspect.

Résister à la cadence imposée, c'est vu comme un bug. Alors on appelle ça "paresse", "manque de volonté", "instabilité".

Mais si c'était autre chose ? Et si ton corps savait, bien avant toi, ce qui ne t'appartient pas ? Personne ne te dit que ton **système nerveux peut saboter une tâche... pour te protéger**. Que ton "blocage" est parfois une alarme, pas un défaut.

Personne ne t'apprend à faire la différence entre :

- ce que tu veux vraiment,
- et ce que tu crois devoir faire pour être aimé·e, tranquille ou reconnu·e.

Tu n'as pas besoin d'être "réparé·e". Tu as besoin de te retrouver. De te réaccorder. Pas à un standard extérieur, mais à **toi**.

Ce livre, je l'ai écrit pour celles et ceux qui ont tout essayé. Qui ont joué le jeu. Qui ont coché les cases, forcé, persisté... Et qui, malgré tout, **se sentent vides**.

Pas paresseux. Juste désalignés.

Et si ce désalignement n'était pas une faiblesse, mais **un appel à fonctionner autrement** ? Pas moins. Mieux. Différemment.

Je n'ai pas de méthode miracle. Mais j'ai une vision, quelques mots bien sentis, et une profonde conviction : Tu n'as pas besoin de devenir une autre version de toi-même.

Tu as besoin de revenir à celle que tu as toujours été avant qu'on ne t'apprenne à douter de toi.

Et comment je sais tout ça ? Disons que j'ai beaucoup observé. Ou peut-être que je suis une voyageuse temporelle infiltrée dans cette ligne de réalité. Va savoir.

Tu vois ce mot qu'on balance un peu partout ?
Procrastination.

Il arrive souvent au moment exact où tu devais te mettre au travail. Soudain, tu ressens une envie soudaine de checker ton frigo (vide), de laver tes pinceaux à maquillage, ou de scroller TikTok en te disant que "c'est de l'inspiration".

Et puis… rien. Tu bloques. Encore.
Et tu culpabilises.
Et plus tu culpabilises, plus tu bloques.
Joli cercle vicieux, n'est-ce pas ?

Mais si je te disais que tu n'es pas paresseux·se,
ni incapable, ni "trop dans ta tête" ?

Et si je te disais que tu es simplement désaligné·e ?

Oui, c'est tout.
Pas de gros mot, pas de jugement. Juste une déconnexion entre ce que tu fais et ce que tu ressens profondément.

Tu ne fuis pas une tâche. Tu fuis une direction qui ne t'appartient pas. Tu dis non mais sans mots, sans bruit, juste avec ton énergie.

Le problème, c'est qu'au lieu d'écouter ça, on se force. On télécharge des apps de to-do list, on se met des alarmes à 5h du matin, on regarde des vidéos motivation de mecs qui courent en pleine nuit et boivent des jus verts.

Spoiler : ça ne marche pas longtemps.

Ce livre ne va pas t'apprendre à mieux gérer ton temps. Il va t'aider à écouter ton énergie. À comprendre ce que tu ressens quand tu bloques. Et surtout, à revenir dans ton propre rythme.

Tu n'as pas besoin de plus de Motivation. Tu as besoin de clarté. Tu as besoin de savoir pourquoi tu n'avances pas. Et ce n'est pas un manque de volonté. C'est un désalignement. Et bonne nouvelle : ça se corrige.

Dans ce livre, je vais t'emmener dans un voyage intérieur. On parlera de procrastination bien sûr, mais aussi de ton énergie, de ton environnement, de ton système nerveux, de ta vibration personnelle, et de toutes les petites choses invisibles qui sabotent ton passage à l'action.

Tu découvriras que ce n'est pas "dans ta tête". C'est dans ton corps. Dans ton énergie. Et que tu peux transformer ça.

Parce qu'en vrai… Tu ne procrastines pas. Tu es juste en train d'essayer de forcer un chemin que ton âme n'a jamais validé. Et si tu laissais tomber le forcing pour retrouver l'alignement ?

Tu es prêt·e ? On y va.

Note de l'autrice.
« Certains chapitres ou formulations peuvent vous sembler répétitifs. C'est volontaire. Mon intention est de faire passer un message de façon claire, profonde, et accessible à tous. Quitte à le redire sous un autre angle. Parfois, c'est en entendant les choses plusieurs fois… qu'on les comprend vraiment. »

> # *PARTIE I : DÉMASQUER LE MENSONGE*

CHAPITRE 1 - CE N'EST PAS DE LA FLEMME, C'EST DU BROUILLAGE.

"La flemme est un mensonge que l'âme ne supporte plus."

ET SI ON ARRÊTAIT D'APPELER ÇA « FLEMME » ?

« T'es juste flemmarde. » Je ne sais pas combien de fois j'ai entendu cette phrase. À l'école, à la maison, plus tard encore. Même dans ma propre tête.

Je me souviens de moments où je me disais que j'allais m'y mettre. Promis. Mais mon corps, lui, n'avait pas envie. Et plus j'essayais de me forcer, plus je me vidais intérieurement.

Pendant longtemps, j'ai cru que j'avais un problème. Et pourtant… j'avais de l'énergie pour d'autres choses. Je pouvais rester concentrée pendant des heures sur un sujet qui me passionnait. Alors pourquoi je bloquais ?

Ce n'est qu'avec le temps que j'ai compris : Je n'étais pas "paresseuse". J'étais juste en désaccord intérieur avec ce que je tentais de faire. Et personne ne m'avait appris à écouter ça.

LA PROCRASTINATION, C'EST QUOI VRAIMENT ?

Le mot procrastination vient du latin *pro* ("en avant") et *crastinus* ("du lendemain"). Littéralement : "remettre au lendemain."

Mais la procrastination, dans sa forme moderne, a commencé à être étudiée au XIXe siècle avec les premières réformes industrielles : là où la valeur de l'humain était directement associée à sa productivité.

Avant ça ?
Dans de nombreuses cultures anciennes, le repos, la lenteur, l'inaction n'étaient pas forcément mal vus. Ils faisaient partie du cycle naturel. Mais depuis le XXe siècle, et surtout avec l'arrivée de la psychologie comportementale, remettre à plus tard a été étiqueté comme un manque de volonté, de discipline, d'effort.

Aujourd'hui encore, c'est l'un des mots les plus utilisés pour s'auto-flageller.

Et pourtant… la procrastination est rarement un choix délibéré. Personne ne se lève en se disant : "Tiens, et si je détruisais ma journée en scrollant sans but ?"

Non. La procrastination est une réaction. Un symptôme. Un langage que peu de gens savent entendre.

ANECDOTE PERSONNELLE – "J'AI SOUVENT EU LA FLEMME… MAIS J'AI APPRIS À LA DÉCODER."

Quand j'étais plus jeune, j'avais souvent ce sentiment : cette espèce de mollesse intérieure. Pas un refus direct, mais un "non" diffus. Une forme de résistance douce, mais constante. Je mettais tout au dernier moment. Ou je ne le faisais pas. Et je me jugeais énormément pour ça.

Mais avec les années, j'ai réalisé que ce que j'appelais "flemme"… était souvent un signal très intelligent.

➤ Mon énergie disait : *"Ce que tu t'apprêtes à faire ne t'élève pas."*
➤ Ma vibration disait : *"Tu le fais pour les autres, pas pour toi."*
➤ Mon intuition disait : *"Ce n'est pas le bon moment."*

Et maintenant que j'ai compris ça ? Je ne me force plus. Je crée autrement. Je vis autrement. Et tout a changé.

LES TROIS VRAIS VISAGES DE LA PROCRASTINATION.

A. La peur

Parfois, tu remets à plus tard parce que…
Tu as peur de réussir. Peur d'échouer. Peur de t'exposer.
Peur de te rendre compte que ce que tu fais n'est pas toi.

La peur se cache souvent sous des excuses logiques :

"Je n'ai pas encore toutes les infos."
"Je dois d'abord clarifier ma stratégie."
"J'attends que ce soit le bon moment."

Mais en réalité ? Tu as peur que ça fonctionne… ou que ça ne fonctionne pas du tout.

B. La saturation

Trop de choses. Trop de bruit. Trop de pression. Trop de tout. Quand ton système est en surcharge, il te met en mode "économie d'énergie". Et là, la procrastination devient un mécanisme de survie.

Tu n'es pas paresseux·se.
Tu es électriquement saturé·e.
Et ton corps essaie juste de ne pas s'effondrer.

C. Le rejet vibratoire

Parfois, ce que tu remets à plus tard… n'est juste pas fait pour toi. C'est une direction que ton âme rejette, sans que tu comprennes pourquoi. Tu peux te dire que tu dois t'y mettre… mais une partie profonde de toi refuse.
Et cette partie-là a parfois raison.

C'est pour ça que certaines tâches se font dans la joie, et d'autres dans l'effort. Parce que certaines sont alignées, d'autres sont imposées.

MINI-CAS : ADAM, L'ÉTUDIANT BRILLANT… QUI BLOQUE.

Adam a 23 ans. Il est en école d'ingénieur. Brillant. Créatif. Curieux. Mais il remet tout à plus tard. Toujours. Ses projets, ses rendus, ses mails. Et il se déteste pour ça.

En coaching, on découvre qu'en réalité… Adam ne croit plus au système dans lequel il évolue. Il a été poussé vers cette voie.
Mais en lui, une autre vibration l'appelle : l'art, la transmission, l'écologie.

Il ne procrastine pas.
Il résiste à une vie qui n'est pas la sienne. Et à partir du

moment où il en prend conscience... il se remet en mouvement. Vers lui-même.

Et si toi aussi, tu avais simplement besoin de t'arrêter un instant... non pas pour faire plus, mais pour comprendre ce que ton blocage essaie de te dire ?

Tu n'es pas paresseux·se.
Tu es en brouillage d'âme.

Et ce livre est là pour t'aider à capter la bonne fréquence.

◆ *SCIENCE INSIDE :*

Le cerveau ne fait pas la différence entre procrastiner et se protéger. Lorsque tu repousses une tâche, ton cerveau ne pense pas "je suis paresseuse", mais "c'est inconfortable, donc dangereux". L'amygdale perçoit un risque émotionnel ou identitaire. Résultat : le système nerveux active une réponse de freeze. Ce n'est pas un bug. C'est un mécanisme de protection.

CHAPITRE 2 - LE MYTHE DE LA MOTIVATION.

"Chercher la motivation, c'est comme courir après le vent."

1. L'ILLUSION COLLECTIVE.

On a tous entendu ça au moins une fois dans notre vie :

"Tu dois juste te motiver."
"Si tu voulais vraiment, tu le ferais."
"Regarde les autres, ils y arrivent eux."

Et sans t'en rendre compte, tu es tombé·e dans le piège invisible de la société performante : celui qui fait de la motivation une sorte de qualité morale, de vertu presque sacrée.

Mais la vérité ?
C'est que la motivation est une émotion instable. Comme l'envie. Comme l'excitation. Elle monte. Elle descend.
Elle est influencée par mille facteurs : ton humeur, ton sommeil, ton alimentation, la météo, un souvenir d'enfance déclenché sans prévenir...

Et tu vas vraiment fonder ta réussite sur ça ?
Sur un truc qui fluctue au moindre vent ?

2. D'OÙ VIENT LE CULTE DE LA MOTIVATION ?

Le concept moderne de motivation vient de la psychologie comportementaliste du XXe siècle. L'idée ?

Les humains agissent selon deux leviers : la récompense ou la punition.

On t'explique donc que si tu ne fais pas une action, c'est que tu ne vois pas assez la récompense… ou que tu ne crains pas assez la punition. C'est logique sur le papier. Mais totalement réducteur pour un être multidimensionnel comme toi.

Parce que la motivation suppose que tu doives "te pousser". Alors que ton âme, elle, ne se pousse pas. Elle s'aligne. Elle avance quand l'énergie est juste. Pas quand le monde t'observe.

3. TU N'AS PAS BESOIN DE MOTIVATION, TU AS BESOIN DE CLARTÉ.

Et si on inversait le modèle ? Si au lieu de courir après un "boost" émotionnel temporaire, tu allais chercher ce qui est aligné avec toi, profondément ?

Parce que la motivation vient naturellement quand :

- Tu sais pourquoi tu fais ce que tu fais.
- Tu ressens que c'est utile ou nourrissant.
- Tu sens que ton être complet est engagé dans l'élan.

Quand il y a clarté intérieure, il y a énergie. Et quand il y a énergie, il y a action. Pas besoin de forcer. Ça devient naturel. Fluide. Tu ne te poses même plus la question.

4. L'ERREUR QUE TOUT LE MONDE FAIT : ATTENDRE DE "VOULOIR FAIRE".

C'est le piège classique. Tu veux te sentir motivé·e pour commencer. Mais ce n'est pas comme ça que ça marche. Tu ne ressens pas l'envie → tu attends → l'élan meurt → tu culpabilises.

La vérité, c'est que dans 90 % des cas, tu n'as pas besoin de vouloir faire quelque chose. Tu as juste besoin de comprendre pourquoi tu ne le fais pas et d'éliminer ce qui n'est pas toi.

5. CAS CONCRET : CLARA ET LE FAUX OBJECTIF.

Clara a 29 ans. Elle veut lancer sa boîte. Elle veut écrire un livre. Elle veut reprendre le sport. Elle veut... plein de choses. Mais rien ne démarre.

Elle se plaint de ne pas être motivée. Elle regarde des vidéos inspirantes. Elle essaye les "5 second rule" et autres hacks.

Mais en réalité ? Ce qu'elle appelle "manque de motivation" est juste un **manque de clarté**. Elle ne sait pas ce qu'elle veut vraiment. Elle **porte les objectifs des autres** sans le savoir.

Et quand elle prend le temps de revenir à ce qui vibre pour elle, elle commence à avancer. Doucement. Mais solidement.

6. CE QUE TU DOIS RETENIR :

- La motivation est une émotion, pas une stratégie.
- Ton âme ne travaille pas sous pression. Elle agit quand c'est juste.
- Tu ne procrastines pas parce que tu n'es pas motivé·e. Tu bloques parce que tu n'es pas clair·e.
- La clarté intérieure → le flow naturel → l'action.

Ce que tu cherches, ce n'est pas la motivation. C'est le moment où ton être tout entier dit "oui". Et ce "oui", on va aller le chercher ensemble.

ET MAINTENANT ?

Dans le chapitre suivant, on va explorer la source réelle de tes actions :

Pourquoi tu fais ce que tu fais ?
Et est-ce que ça vient vraiment de toi ?

◆ *SCIENCE INSIDE :*

La dopamine ne récompense pas l'obligation, mais l'anticipation du plaisir. Si ton cerveau n'associe pas la tâche à quelque chose de gratifiant ou aligné, il n'émet aucun signal d'action. Ce n'est pas que tu n'as pas de volonté. C'est que ton système ne voit pas l'intérêt.

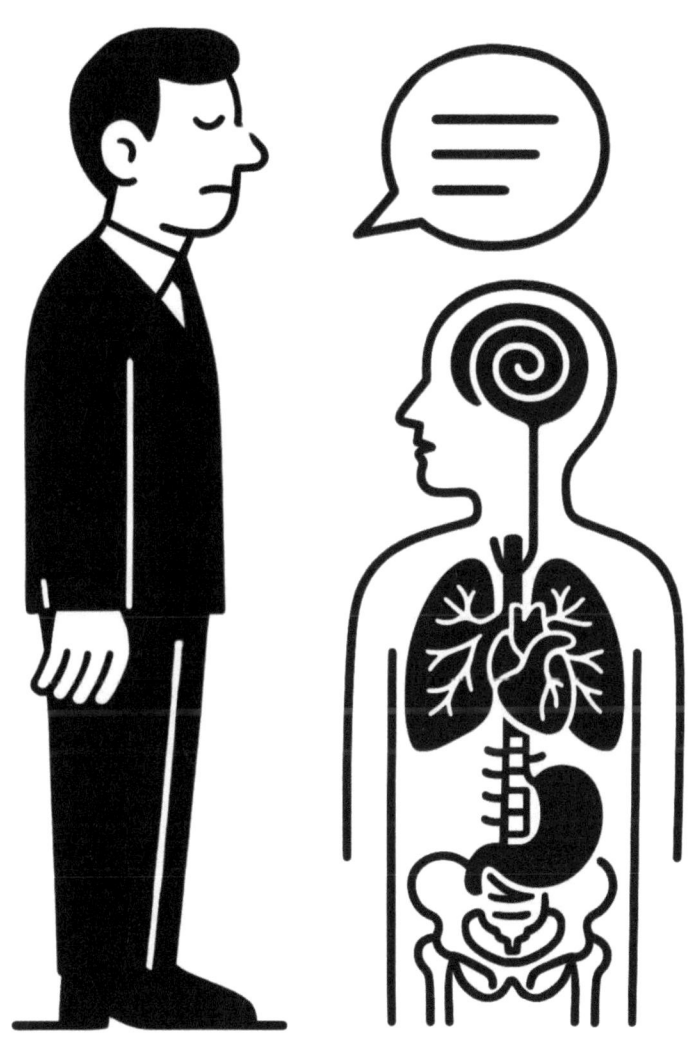

CHAPITRE 3 - LE CORPS PARLE, MAIS PERSONNE DE L'ÉCOUTE.

"Chaque partie de toi sait pourquoi tu bloques. Tu refuses juste d'écouter."

1. ET SI LE BLOCAGE NE VENAIT PAS DE TA TÊTE ?

Quand tu n'arrives pas à avancer, on te dit souvent que c'est mental. Que tu dois "changer d'état d'esprit". Penser différemment. Te motiver.

Mais si c'était plus basique, plus profond, plus biologique ? Et si, avant même de penser… c'était ton corps qui tirait le frein d'urgence ?

2. TON CORPS N'EST PAS TON ENNEMI. IL T'ENVOIE DES ALERTES.

Ton corps, c'est ton système de guidance interne. Quand il est épuisé, saturé, déréglé, il ne va pas te dire "je suis

HS ». Il va juste... te couper l'envie d'agir.

Et toi, tu vas appeler ça : procrastination. Mais en réalité ? C'est un mécanisme de protection.

Tu n'es pas paresseux·se.
Tu es désynchronisé·e.

3. FATIGUE, DOPAMINE, CORTISOL : LES 3 SABOTEURS INVISIBLES.

A. La fatigue – celle qu'on ne veut pas admettre.

Il y a plusieurs types de fatigue :

- **Physique** : manque de sommeil, alimentation, déséquilibres.

- **Émotionnelle** : surcharge mentale, micro-stress constants.

- **Spirituelle** : perte de sens, actions déconnectées de ton vrai "pourquoi".

Et parfois, ce n'est pas que tu n'as pas d'énergie. C'est que tu ne veux plus en dépenser pour ce qui ne te nourrit pas.

B. La dopamine – ton carburant de désir.

La dopamine n'est pas "l'hormone du plaisir". C'est l'hormone de l'anticipation. Celle qui te pousse vers une action.

Mais si tu l'épuises tous les jours sur :

- les notifications,
- le scroll TikTok,
- les mini-recompenses numériques…

Alors ton cerveau, à long terme, n'a plus assez de dopamine pour se motiver à faire… ce qui est vraiment important.

Tu n'es pas démotivé·e.
Tu es biochimiquement épuisé·e.

C. Le cortisol – l'alarme silencieuse.

Le cortisol, c'est l'hormone du stress. Elle est utile en cas d'urgence. Mais quand elle est constamment élevée, elle :

- bloque ta concentration,

- te met en mode "survie",

- et te **coupe du plaisir d'agir.**

Trop de cortisol = plus d'élan.
Ton corps pense que tu es en danger → il te **gèle.**

4. ET SI TON ÉNERGIE ÉTAIT LA VRAIE CLÉ DE TON ACTION ?

Et si, au lieu de chercher à "t'organiser", tu cherchais à te réguler ? Tu veux passer à l'action ? Commence par écouter ton système :

- As-tu mangé quelque chose de vivant aujourd'hui ? (Pas de panique : non, tu n'es pas censée manger une plante qui respire encore ou un sushi qui cligne des yeux. Quand je dis "quelque chose de vivant", je parle d'aliments non transformés, riches en énergie vitale, comme : Des fruits frais, Des légumes crus ou légèrement cuits, Des graines germées, Des jus pressés à froid, Des aliments qui n'ont pas été ultra transformés ou passés au micro-ondes 3 fois de suite.

En gros : des trucs pleins de vie, de couleurs, de micros nutriments, pas des biscuits industriels tout mous dans leur plastique.

- As-tu **respiré profondément** 3 fois depuis ce matin ?

- As-tu **fermé les yeux** pour te recentrer, ne serait-ce que 2 minutes ?

- As-tu **entendu ton cœur**… ou juste ton mental ?

L'énergie d'action ne vient pas d'un tableau Notion. Elle vient de ton état intérieur.

5. RETROUVER UNE ÉNERGIE ACTIONNABLE (ET PAS POMPÉE).

Voici 3 pratiques simples à intégrer dès maintenant :

1. Le "scan d'énergie" du matin.

→ Ferme les yeux, et ressens ton corps. Où est-ce que ça bloque ? Où est-ce que ça circule ?
→ Évalue ton énergie sur 10.
→ Ajuste ton programme en fonction (au lieu de forcer dans le brouillard).

2. Le cycle activation / récupération.

→ Pour chaque phase de 45 à 60 min de concentration, accorde-toi 5-10 min de récupération active (marche,

respiration, boisson, étirement).
→ C'est le rythme naturel du cerveau.

3. Le retour au corps :

→ Quand tu bloques :
Arrête. Pose ta main sur ton cœur. Respire. Dis-toi : "Ce n'est pas que je n'y arrive pas. C'est que je suis déréglé·e. Je vais me réaligner."

CAS CONCRET : ELIAS, QUI VOULAIT "SE BOUGER" MAIS N'Y ARRIVAIT PLUS.

Elias travaille dans la com. Très intelligent. Très stressé. Très connecté. Mais plus il essaie de se forcer à travailler, moins il y arrive.

Il pense qu'il a besoin de "discipline". Mais son corps, lui, crie STOP depuis des mois. On découvre qu'il dort mal, mange sucré le matin, et enchaîne les réunions. On ajuste ses rythmes. Il commence à marcher 10 minutes avant chaque session. Il ralentit. Et là... il avance. Ce n'est pas qu'il manquait de volonté. Il manquait d'harmonisation.

Tu ne peux pas créer, avancer ou réussir si ton corps n'est pas en sécurité. Ton corps n'est pas un outil. C'est le premier canal de ton énergie d'action. Écoute-le, et tu débloqueras ce que même 100 techniques de productivité ne pourront jamais toucher.

◆ *SCIENCE INSIDE :*

La surcharge cognitive bloque l'élan naturel. Quand tu dois gérer trop d'informations, d'émotions ou de choix en même temps, le cerveau coupe le circuit pour éviter la surchauffe. Ce n'est pas un manque de motivation. C'est une réaction d'autoprotection neurologique.

PARTIE II : LE DÉSALIGNEMENT

CHAPITRE 4 – TU FAIS FAUSSE ROUTE.

"Procrastiner, c'est résister à une direction que l'âme n'a jamais validée."

1. ET SI TON BLOCAGE ÉTAIT UN NON INTÉRIEUR ?

Tu as l'impression que tu procrastines. Tu remets à demain. Tu traînes. Tu t'en veux.

Mais as-tu déjà envisagé que ce n'était pas toi le problème… Mais la direction dans laquelle tu t'obstines à aller ?

Et si ton "je n'arrive pas à m'y mettre" était juste une forme de sagesse intérieure ? Une intelligence vibratoire qui te murmure :

"Tu t'égares."

2. LES TÂCHES DÉVITALISANTES : TON ÂME ESSAIE DE TE PARLER.

Il y a des tâches qui nous épuisent parce qu'elles sont longues, dures ou chiantes. Et il y en a d'autres… qui nous aspirent l'âme. Tu les reconnais à ça :

- Rien que de les voir sur ta to-do, ton énergie descend.

- Tu repousses, encore et encore, sans savoir pourquoi.

- Même "une fois dedans", tu n'y es toujours pas.

- Tu ressors vidé·e, vidé·e, vidé·e.

Ce ne sont pas juste des corvées. Ce sont des signaux interne. Ton être te dit : "Ce n'est pas ton chemin."

Et si tu n'écoutes pas ? Il crie plus fort. Sous forme de fatigue, de brouillard mental, de mal de ventre, de crises existentielles.

3. LE TRAVAIL ÉNERGÉTIQUE INVERSÉ.

Tu connais le travail classique :
Tu fais une tâche → tu dépenses de l'énergie → tu coches la case. Mais il existe un autre type de tâche. Celle qui, au lieu de te vider, te remplit.

- 👉 Tu termines, et tu as **plus d'énergie** qu'avant.
- 👉 Tu entres dans un **état de flow**.
- 👉 Tu perds la notion du temps.
- 👉 Tu sens que **c'est juste**.

C'est ça, le travail énergétique aligné. C'est une co-création entre toi et quelque chose de plus grand.

Et la procrastination devient alors une boussole inversée. Chaque tâche que tu repousses sans raison apparente… est peut-être un chemin que ton âme rejette.

4. MINI-CAS : SARAH, LA MAMAN DÉBORDÉE.

Sarah a 36 ans. Trois enfants. Un boulot. Un mari. Une vie "pleine". Et pourtant, elle passe son temps à se juger.

"Je suis nulle, je ne trouve jamais le temps pour mes projets."

"Je me disperse."
"Je repousse tout ce qui est important pour moi."

Mais quand elle s'arrête un instant… Elle réalise que ce n'est pas qu'elle manque de temps. C'est qu'elle n'y croit plus.

Elle n'a plus foi en ce qu'elle fait. Son cœur ne bat plus pour ses routines. Elle vit pour "tenir", pas pour vibrer.

Et quand on creuse, on découvre une passion enfouie, mise de côté "parce qu'il faut être responsable."

Ce n'est pas qu'elle procrastine. C'est qu'elle est en train de s'éteindre à petit feu, à force de marcher dans une direction qui n'est pas la sienne.

5. COMMENT REPÉRER SI TU FAIS FAUSSE ROUTE ?

Pose-toi ces 4 questions :

- Est-ce que je me vois encore ici dans 1 an ?

- Est-ce que j'agis pour des raisons de peur ou d'amour ?

- Si je pouvais tout recommencer sans jugement, est-ce que je choisirais ça ?

- Est-ce que je me sens vivant·e en faisant ça, ou juste fonctionnel·le ?

Et si au fond, tu sens que quelque chose ne va pas… Ce n'est pas un "doute à effacer". C'est peut-être une **vérité à écouter.**

6. REVENIR VERS TON AXE.

Ce chapitre n'est pas là pour te dire de tout quitter. Il est là pour que tu t'écoutes. Ton alignement n'est pas un luxe. C'est ton levier le plus puissant. C'est ton feu sacré.

Et chaque jour où tu fais ce qui n'est pas toi… Tu l'éteins un peu plus.

Mais l'inverse est vrai aussi : Chaque fois que tu dis oui à ton élan intérieur, même en petit, tu réalignes ton monde entier.

Dans le chapitre suivant, on va aller encore plus loin : Pourquoi certaines actions "normales" semblent impossibles à faire… Et comment repérer les faux objectifs qui t'emprisonnent.

CHAPITRE 5 – CE N'EST PAS LA TÂCHE. C'EST TON ÉNERGIE.

"La tâche est neutre. C'est ton état qui décide si tu avances."

1. LE VRAI MALENTENDU.

On croit que c'est la tâche qui nous bloque.

"C'est trop long."
"C'est trop chiant."
"C'est pas inspirant."
"Je sais pas par où commencer."

Mais ce qu'on oublie ? C'est que cette même tâche, dans un autre état,

→ Tu l'aurais faite vite.
→ Tu l'aurais même kiffée.
→ Ou elle ne t'aurait pas pesé.

La tâche est neutre. C'est toi, dans un moment désaligné, qui la rends lourde.

2. LES MICRO-FUITES D'ÉNERGIE : LE VRAI POISON INVISIBLE.

Tu veux savoir pourquoi tu te sens à plat avant même d'avoir commencé ? C'est peut-être à cause de ces micro-fuites énergétiques, dont tu n'as même pas conscience.

Voici quelques exemples :

- **Scroll inconscient** au réveil (tu livres ton énergie mentale à des dizaines d'identités)

- **Onglets ouverts non traités** (chaque onglet = une boucle mentale non refermée)

- **Pensées parasites répétitives** ("faut que je", "j'ai oublié de", "il faut absolument que…")

- **Messages non lus** → micro-stress latent

- **Engagements non alignés** ("J'ai dit oui, mais je voulais dire non.")

Chacun de ces éléments grignote ton champ vibratoire, un peu comme une fuite de gaz invisible.

Et résultat :
→ Tu ouvres ta to-do list avec 40 % de ta vraie énergie

disponible.
→ Et tu crois que tu es "nulle" ou "démotivée".

Mais **tu es juste percée.**

3. LE LIEN ENTRE ÉTAT INTERNE ET ACTION.

Prenons un exemple simple : Tu dois écrire un mail.
→ Si tu es alignée, détendue, claire : tu le fais en 5 minutes.
→ Si tu es floue, dispersée, tendue : tu bloques, tu effaces, tu procrastines.

Ce n'est pas le mail le problème. C'est ton canal intérieur qui est désaccordé. Et tant que ton système nerveux est en alerte, ton corps refuse de collaborer. Il ne procrastine pas. Il te protège.

4. COMMENT COLMATER TES FUITES D'ÉNERGIE ?

✦ **1. Le scan vibratoire journalier.**

Chaque matin, ou avant chaque tâche importante, demande-toi :

- Qu'est-ce qui fuit en moi là maintenant ?
- Ai-je laissé un "accord non aligné" actif ?
- Suis-je en train de faire ce que j'ai dit que je ferais ?
- Est-ce que mon espace (numérique, physique, émotionnel) est en harmonie ?

Un esprit dispersé ne peut pas agir. Un espace chargé ne peut pas créer.

2. Le rituel d'appel à soi.

Avant de commencer :

- Ferme les yeux.
- Place ta main sur ton cœur.
- Inspire 4 secondes, expire 8 secondes.
- Et dis doucement à l'intérieur :

"Je reviens en moi. Je reviens dans mon énergie. Tout ce qui n'est pas à moi peut partir."

Fais-le sincèrement. Tu vas sentir une reconnexion directe.

3. Le "reset énergétique" toutes les 3h.

Toutes les 2–3 heures, prends 3 minutes pour :

- Bouger ton corps (étirement, marche rapide)
- Fermer les yeux (rétablir les circuits neuronaux)
- Reboire un verre d'eau
- Ré-énoncer intérieurement ton intention du moment

Ce petit cycle rebranche ta ligne d'action.

5. LE VRAI FLOW, CE N'EST PAS MAGIQUE. C'EST ÉNERGÉTIQUE.

Le fameux "flow" dont tout le monde parle… Ce n'est pas un état miraculeux réservé aux artistes ou aux génies. C'est un état de pleine présence et de circulation.

Tu ne "forces" plus. Tu traverses l'action, parce que tu es aligné·e, recentré·e, connecté·e.

Et plus tu répètes ces petits rituels, plus tu conditionnes ton cerveau à reconnaître l'état de clarté → et à s'y rendre naturellement.

MINI-CAS : JAMAL ET L'ILLUSION DU BURN-OUT.

Jamal est freelance. Il travaille depuis chez lui. Et depuis 3 mois, il dit être "à bout". Il procrastine tout. Il pense être en burnout. Mais il ne travaille "que" 4 heures par jour.

En réalité, il vit dans une surcharge de micro-fuites :

- Notifications activées partout
- Emails ouverts en boucle
- Dormir tard à cause des vidéos
- Jamais d'espace sacré pour lui

Il est rempli... de vide. Et ce vide grignote son énergie. Quand on l'aide à clarifier son espace, il reprend sa création. Il retrouve du plaisir.

Il n'avait pas besoin de plus de discipline. Il avait besoin de reconnexion.

Ce que tu appelles "manque de motivation" est parfois juste un trop-plein de distraction. Un système percé. Un cœur dispersé.

Mais quand tu te recentres, que tu fermes les fuites, tu découvres que l'énergie était là depuis le début.

Tu n'étais pas paresseux·se.
Tu étais juste débranché·e.

◆ *SCIENCE INSIDE :*

Le cerveau construit son identité à partir des messages répétés. Si on t'a souvent dit "tu es désorganisée" ou "tu n'y arrives jamais", ton système nerveux intègre ces mots comme une vérité. Ce n'est pas ton essence. C'est un programme appris.

CHAPITRE 6 — QUI A PLANTÉ CETTE GRAINE DANS TA TÊTE ?

"Si ce rêve n'est pas le tien, il ne poussera jamais."

1. LE FAUX RÊVE, ÇA EXISTE.

Tu te dis peut-être que tu veux :

- créer ton entreprise
- décrocher un CDI
- être reconnu·e
- avoir une maison, un enfant, écrire un livre

Mais si tu regardes bien… Est-ce vraiment toi qui as choisi ce rêve ? Ou est-ce quelque chose que tu crois devoir vouloir ?

On ne procrastine pas parce qu'on est paresseux. On procrastine parfois… parce qu'on poursuit le rêve de quelqu'un d'autre.

2. LES RÊVES IMPLANTÉS : SOCIÉTÉ, FAMILLE, CULTURE.

✦ **Société :**

Depuis l'école, on t'a appris à vouloir :

- Réussir.
- Gagner.
- Être utile.
- Être rapide, rentable, performant·e.

Mais cette idée de succès est **standardisée**, formatée. Tu poursuis peut-être une version de la réussite **qui ne vibre pas avec toi.**

✦ **Famille :**

Combien de parents transmettent à leurs enfants leurs peurs ou leurs rêves inachevés ?

"Fais ce métier, tu auras une sécurité."
"Sois sérieux, les passions ne paient pas."
"Fais ce que je n'ai pas pu faire."

Sans le vouloir, ils **plantent des graines** dans ta tête. Et toi, tu les arroses... même si tu ne les as **jamais choisies.**

✦ Entourage :

Tu crois vouloir certaines choses, jusqu'à ce que tu réalises que tu les veux

"parce que tout le monde autour de toi les veut."

C'est la **contagion des désirs.** Et elle est plus puissante que tu ne crois.

3. POURQUOI TU BLOQUES SUR UN CHEMIN IMPOSÉ.

Ta procrastination devient alors un acte inconscient de rébellion. Ton âme refuse de coopérer. Tu remets à plus tard, encore et encore, sans comprendre pourquoi.

Et si on allait plus loin...

Secret : La mémoire vibratoire du faux soi.

Ton corps enregistre tout. Si tu grandis dans un environnement où l'amour est conditionné à la performance, tu apprends à vouloir ce qui n'est pas toi, juste pour être aimé·e.

Tu n'as pas d'élan ? Normal. Ton système énergétique se protège d'un piège invisible.

4. LE TEST DU VRAI RÊVE.

Pose-toi ces 3 questions sacrées :

1. **Si personne ne regardait, est-ce que je ferais ça quand même ?**
2. **Est-ce que ce rêve me donne de l'énergie rien qu'en y pensant ?**
3. **Est-ce que j'ai honte d'en parler ?** (parce que souvent, **les rêves vrais sont vulnérables**)

Si ce que tu poursuis ne passe pas ce test... C'est peut-être une graine implantée. Et une graine implantée ne fleurira jamais.

5. RITUEL DE DÉSIMPLANTATION MENTALE.

Voici un exercice simple mais profond : Prends une feuille. Trace 3 colonnes :

- Ce que je pense vouloir
- D'où ça vient (société, parents, ex, profs, trauma…)
- Est-ce que c'est encore vrai pour moi aujourd'hui ?

Puis : Barre ce qui ne vibre plus. Et écris : "Je me libère de ce qui ne vient pas de moi. Je reprends mon espace intérieur."

Fais ça régulièrement. Tu verras, ton énergie reviendra naturellement.

MINI-CAS : MEHDI, LE BON ÉLÈVE QUI A TOUJOURS DIT "OUI".

Mehdi, 27 ans, a toujours été bon élève. Il a suivi la voie royale : prépa, grande école, bon job. Mais il se sent vide. Il bloque. Il n'arrive pas à se lancer.

Pourquoi ? Parce que tout ce qu'il a poursuivi, il ne l'a jamais choisi en conscience. Il a simplement coché les cases. Et aujourd'hui, il est dans un costume trop étroit.

Il ne procrastine pas. Il est en train de désapprendre ce qu'on lui a imposé.

Un rêve imposé n'a pas de racine. Un objectif programmé ne devient jamais un feu sacré. Et plus tu avances sur un chemin qui n'est pas le tien, plus la vie te ralentira. Non pas pour te punir… Mais pour te ramener à toi.

La procrastination devient alors un guide puissant, un signal sacré, qui te dit : "Tu mérites un rêve qui est à ta mesure, pas à celle du monde."

PARTIE III : LE RÉALIGNEMENT PROFOND

CHAPITRE 7 – RECALIBRER TON RYTHME SACRÉ.

"Tu n'as pas besoin de plus de temps. Tu as besoin de ton vrai tempo."

1. LA GRANDE ILLUSION DU "MANQUE DE TEMPS ».

"J'ai pas le temps."

Cette phrase, tu l'as dite combien de fois cette semaine ? C'est devenu le grand alibi moderne, la formule magique de l'évitement, de la surcharge et de l'oubli de soi.

Mais si on observait les choses différemment ? Et si tu n'avais pas besoin de plus de temps… Mais besoin de retrouver ton vrai rythme intérieur ?

2. TU N'ES PAS FAIT·E POUR FONCTIONNER COMME UN LOGICIEL.

Le monde te pousse à vivre en mode productivité linéaire:

- Même heure tous les jours
- Même intensité
- Toujours "au top"
- Faire vite, souvent, beaucoup

Mais ton corps, ton esprit, ton énergie… sont cycliques.

Tu es fait·e de vagues. De creux et de pics. De jours feu et de jours brume. Et c'est quand tu t'obstines à fonctionner contre ton cycle que tu bloques, que tu procrastines, que tu t'épuises.

3. LE CYCLE VIBRATOIRE : UNE BOUSSOLE OUBLIÉE.

Tu as un cycle vibratoire personnel.

Chez certaines personnes, il se manifeste en heures (rythme ultradien). Chez d'autres, en jours (pic d'énergie tous les 3 jours). Chez d'autres encore, selon la lune, les saisons, le cycle hormonal, ou même… la météo émotionnelle collective.

Tu n'es pas paresseux·se. Tu es peut-être juste en train d'essayer d'agir dans le mauvais tempo.

4. COMMENT REPÉRER TON VRAI RYTHME.

Voici un exercice simple :

Pendant 7 jours, note chaque jour :

- À quelle heure tu as eu un vrai pic d'énergie ?
- À quel moment tu as ressenti une envie naturelle d'agir ?
- Quand est-ce que tu as bloqué ?
- Y avait-il une émotion dominante ce jour-là ?

Tu vas commencer à voir un motif.

Exemples :

- Tu te sens ultra lucide à 22h, mais t'essaies d'être créative à 8h → désalignement.

- Tu as de l'élan les lundis, mais tu bloques les mercredis → accepte ton flux.

- Tu veux écrire chaque matin, mais ton esprit est brumeux jusqu'à 14h → autorise le shift.

Une fois que tu comprends ton cycle, tu peux planifier selon ton feu, pas selon ta culpabilité.

5. LE "FAUX TIMING" CRÉE DES BLOCAGES INVISIBLES.

Exemple :
Tu veux écrire ton projet le matin. Mais à ce moment-là, tu es encore dans la digestion de ta nuit émotionnelle. Ton cerveau n'est pas encore ouvert.
→ Résultat : tu bloques, tu te juges, tu procrastines.

Mais si tu avais attendu ton vrai point d'allumage,
→ Le texte serait venu fluide, naturel, joyeux.

Ce n'est pas l'activité qui est difficile.
C'est le **timing** qui est faux.

MINI-CAS : LÉA, CRÉATIVE QUI S'IGNORE.

Léa adore dessiner. Mais elle ne s'y met jamais.

Elle essaie chaque jour à 10h, après ses mails. Mais ça ne vient pas. Un jour, elle laisse son crayon traîner sur sa table à 21h. Et sans y penser, elle commence à gribouiller... Puis dessine pendant 2h, sans voir le temps passer.

Ce n'est pas qu'elle procrastinait.
C'est qu'elle avait décalé son feu créatif.

Depuis ce jour, elle crée quand elle sent l'élan. Et elle ne bloque plus.

6. OUTIL : LE CALENDRIER VIBRATOIRE (TON NOUVEAU GPS INTÉRIEUR).

Crée un emploi du temps selon 3 zones :

- **Zone Feu** : moments où tu te sens naturellement dans l'élan, l'action.
  → Place ici les tâches de création, lancement, écriture, tournage, etc.

- **Zone Brume** : moments de lenteur, de réflexion, d'intégration.
  → Place ici les relectures, les brainstorms doux, les balades conscientes.

- **Zone Eau** : moments d'émotion, de repos, de soin.
  → Médite, visualise, reconnecte-toi.

Et chaque semaine, adapte. **Ne cherche pas à rigidifier.** Apprends à **danser avec ton énergie.**

Tu ne manques pas de discipline. Tu manques de respect envers ton propre rythme. Et plus tu t'imposes une cadence empruntée, plus ton corps ralentit pour te ramener à toi.

Le réalignement, c'est pas faire plus. C'est faire au bon moment. Et ça, personne ne peut le décider à ta place.
C'est ton feu sacré, ton tempo, ton rythme de vie intérieure.

CHAPITRE 8 — LE POUVOIR DE L'INTENTION ULTRA-CLAIRE.

"Ce que tu ne clarifies pas, l'univers ne peut pas soutenir."

1. TU NE BLOQUES PAS À CAUSE DE LA TÂCHE.

Tu bloques parce que tu ne sais plus pourquoi tu fais ce que tu fais.

Quand l'intention est floue :

- tu perds ton énergie
- tu multiplies les hésitations
- tu te disperses
- tu procrastines

L'univers n'agit pas sur ce que tu veux faire. Il agit sur ce que tu vibres. Et si tu vibres confusion, stress, ou "je dois"… Alors tu attireras plus de tâches floues, d'envies confuses, de fatigue invisible.

2. VISION – VIBRATION – VÉRITÉ.

Pour agir avec puissance, il te faut ces trois piliers.

✦ **Vision :**

Tu sais où tu vas.
Tu as une direction claire. Même si tu ne vois pas encore le chemin en entier, tu ressens l'élan.

Ex : "J'écris ce livre pour transmettre un message que mon âme porte depuis toujours."

✦ **Vibration :**

Tu sais dans quelle énergie tu veux le faire. Pas dans la pression, ni la peur, ni le rush… Mais dans une énergie qui t'élève.

Ex : "Je crée avec curiosité, légèreté et un peu d'insolence cosmique."

✦ **Vérité :**

Tu es authentique dans ce que tu poses. Ce n'est pas une tâche pour plaire, prouver, valider… C'est une action alignée avec ta vérité intérieure.

Ex : "Je n'écris pas pour devenir quelqu'un. J'écris parce que je ne peux pas ne pas écrire."

3. L'INTENTION ULTRA-CLAIRE TRANSFORME LA RÉALITÉ.

Quand tu clarifies ton intention, tu actives :

- Ton cerveau réticulaire (qui va repérer les opportunités liées)

- Ton système vibratoire (qui attire les bonnes personnes au bon moment)

- Ton énergie d'action (qui devient fluide et naturelle)

Ce n'est plus toi qui fais la tâche. C'est la tâche qui se fait à travers toi.

4. COMMENT POSER UNE INTENTION ULTRA-CLAIRE ?

Voici un rituel simple :

Avant de commencer une tâche, demande-toi :

1. **Pourquoi je fais ça, vraiment ?**

2. **Quelle version de moi je veux activer en le faisant ?**

3. **Est-ce que je peux me connecter à une émotion avant de commencer ?**

Puis écris une intention vibratoire :

"Je fais cette action avec lucidité, amour et impact. Elle me rapproche de mon essence."

Cela prend 30 secondes. Mais ça change **tout.**

MINI-CAS : THOMAS, LE CRÉATEUR DÉSALIGNÉ.

Thomas veut créer un programme en ligne. Mais il bloque. Il tourne en rond, change de titre, d'idées, de formats. Un jour, il se demande :

"Et si je voulais juste prouver que je suis utile ? Et si je ne créais pas vraiment pour moi ?"

Il se reconnecte. Il réécrit tout… en partant d'une intention claire : "Je veux que mes mots libèrent."

Le programme se crée en 2 semaines. Tout s'aligne.

5. L'INTENTION NE REMPLACE PAS L'ACTION. ELLE LA MAGNIFIE..

Tu peux faire 10 choses dans le désalignement → tu t'épuises. Tu peux faire 1 seule action avec une intention claire → elle rayonne, elle crée, elle touche.

Et surtout… L'univers n'a besoin que d'un oui aligné pour ouvrir des portes invisibles.

Tu veux avancer ? Alors arrête de chercher la motivation.

Clarifie ton "**POURQUOI**". Pose-le avec une vibration juste. Et laisse ton véritable élan s'activer. Ce n'est pas magique. C'est énergétiquement logique**.**

CHAPITRE 9 —
L'ENVIRONNEMENT, TON TROISIÈME CERVEAU.

"Tu ne procrastines pas. Tu absorbes les bugs de ton espace."

1. TON CERVEAU NE TRAVAILLE JAMAIS SEUL.

Tu crois que ton blocage vient de toi ? Que tu manques de volonté ? D'énergie ? De motivation ?

Mais si je te disais que ton environnement est un prolongement de ton cerveau ? Qu'il agit comme un réseau neuronal externe, qui influence :

- ta clarté
- ton énergie
- ton système nerveux
- ton état de présence

Tu n'es pas seul·e dans ta tête. Tu vis dans un écosystème énergétique. Et il te parle. Tout le temps.

2. L'ENVIRONNEMENT EST UN CHAMP D'INFORMATION.

Regarde autour de toi :

- Une pile de papiers non lus = culpabilité passive.
- Une boîte mail saturée = bruit mental constant.
- Une pièce sombre = affaissement énergétique.
- Une déco sans âme = absence de vibration personnelle.
- Une page d'accueil remplie d'icônes = fragmentation d'attention.

Chaque objet, chaque onglet, chaque meuble… émet une vibration. Et ton corps les capte inconsciemment.

Résultat ? Tu procrastines. Pas parce que tu es lent·e, mais parce que ton espace te ralentit.

3. TU ABSORBES LES BUGS DE TON LIEU (ET DE TON CLOUD).

Tu veux écrire, mais ton bureau est un champ de bataille.
Tu veux lancer un projet, mais ta maison est remplie de choses non décidées.
Tu veux être claire, mais ton ordi te rappelle 26 dossiers ouverts.

Tu portes l'énergie de tout ce qui est resté en suspens.
Et cela crée des micro-saturations invisibles mais puissantes.

Tu n'es pas "trop lente". Tu es juste en surcharge vibratoire.

4. LE NETTOYAGE VIBRATOIRE : PAS DU MÉNAGE. DE L'ALIGNEMENT.

Voici quelques principes simples mais puissants :

✦ **Le principe de "l'instantané énergétique" :**

Si tu regardes un objet et que ton énergie descend → il doit être déplacé, donné ou transformé.

✦ **La règle du 3×5 :**

Chaque jour,
→ 5 minutes de tri visuel.
→ 5 éléments supprimés (numériques ou physiques).

→ 5 respirations conscientes dans un coin que tu choisis.

✦ **L'activation vibratoire :**

Place dans chaque espace un élément qui élève ton feu intérieur. Une photo, une plante, un mot, un symbole. Ton environnement doit te rappeler qui tu es.

5. ET TON DIGITAL ? C'EST UNE EXTENSION DE TA CONSCIENCE.

Tu passes combien d'heures par jour en ligne ? Ton téléphone, ton ordi, tes apps… C'est ton deuxième lieu de vie. Et souvent, c'est un champ de distorsion majeur.

Fais un audit :

- Onglets ouverts = pensées ouvertes
- Notifications = ruptures de flow
- Dossiers en désordre = fragmentation intérieure
- Apps inutiles = liens énergétiques parasites

Clean ton digital = clarté mentale immédiate.

MINI-CAS : NAÏMA, COACH PARALYSÉE PAR SON ESPACE.

Naïma a 3 clients. Elle veut développer son activité. Mais elle ne crée rien. Elle tourne en boucle.

Un jour, elle regarde son bureau :

- 2 mugs sales
- 6 carnets non terminés
- Une to-do illisible
- Des papiers qui datent d'il y a 3 mois
- Une lampe cassée

Elle passe 2h à tout nettoyer, trier, activer. Le lendemain, elle tourne 3 vidéos, crée une offre, poste 2 contenus. Ce n'est pas "le ménage" qui l'a débloquée. C'est la remise en circulation de l'énergie.

6. TON ENVIRONNEMENT DOIT ÊTRE UN COÉQUIPIER, PAS UN SABOTEUR.

Quand tu entres dans une pièce, demande-toi : "Est-ce que cet endroit **me ramène à moi**, ou me disperse ?"

Et souviens-toi :

L'ordre extérieur crée de l'espace intérieur. Et l'espace… c'est le berceau de l'élan.

Tu veux aller mieux ? Avant de chercher un nouveau plan, un nouveau mantra, un nouveau hack… Regarde autour de toi. Ton environnement te parle. Et parfois, il hurle.

Nettoie. Clarifie. Allège. Et tu verras : ce n'est pas toi qui es bloqué·e. C'est juste le décor qui étouffe ton mouvement.

PARTIE IV : LA TRANSMUTATION

CHAPITRE 10 – TRANSFORMER LA HONTE EN POUVOIR.

"La honte est une colle. La compassion est un solvant."

1. LA HONTE : DÉFINITION VIBRATOIRE.

La honte n'est pas juste un sentiment. C'est un état de contraction énergétique intense. Elle fige. Elle réduit. Elle isole.

Elle dit : "Je suis défectueux." Pas "j'ai fait une erreur" mais "je suis une erreur."

C'est une émotion primitive. Ancienne. Souvent transmise générationnellement. Et qui, une fois installée, agit comme un bug dans le système.

2. CE QUE LA HONTE FAIT À TON CERVEAU.

Quand tu ressens de la honte :

- Ton **cortex préfrontal se désactive** (logique, prise de décision)

- Ton système de défense s'active (tu fuis, bloques ou attaques)

- Ton énergie se fige (même physiquement — tension dans le cou, poitrine, estomac)

Tu veux avancer, mais une voix intérieure te dit :

"Tu n'y arriveras pas."
"Tu ne mérites pas."
"Tu vas échouer comme d'habitude."

Tu ne procrastines pas. Tu t'auto-sabotes par protection. Et cette protection a souvent un nom : la honte silencieuse.

3. TU N'AS PAS ÉCHOUÉ. TU AS ÉTÉ IGNORÉ.

Tu n'as pas raté. Tu t'es juste forcé à fonctionner avec un système qui ne te convenait pas.

Tu n'as pas été paresseux. Tu as juste bloqué dans un environnement qui ne reconnaissait pas ton vrai rythme.

Et chaque fois que tu t'es jugé pour ça… Tu as consolidé

un nœud intérieur de honte. Aujourd'hui, on va le défaire. Doucement. En conscience.

4. LA COMPASSION COMME SOLVANT.

La honte ne disparaît pas par la performance. Ni par le dépassement. Ni par le "je vais prouver que je peux".

Elle se dissout uniquement dans **la compassion lucide**.

Pas la complaisance. Mais la **tendresse radicale** envers soi-même. Une tendresse qui dit : "Tu as fait de ton mieux, avec ce que tu avais."

5. RITUEL D'AUTO-PARDON VIBRATOIRE.

Voici un rituel que tu peux faire seul·e, à voix haute ou par écrit :

1. Ferme les yeux. Respire. Pose une main sur ton cœur.

2. Visualise-toi **au moment précis d'un échec, d'un blocage.**

3. Regarde-toi **depuis le regard de l'Amour pur.**

4. Dis doucement :

"Je te pardonne. Je comprends maintenant que tu n'étais pas aligné·e. Je ne t'en veux plus de ne pas avoir su. Je suis avec toi. Et ensemble, on repart."

5. Respire. Ressens si une chaleur, une ouverture, une détente se crée.

MINI-CAS : RAYAN, LE PERFECTIONNISTE BLESSÉ.

Rayan procrastinait depuis des années. Il lançait ses projets… puis les abandonnait. Il se disait : "Je suis nul. J'ai peur de réussir."

Un jour, en thérapie, il comprend : Il a grandi avec un père très exigeant. Il a été humilié à l'école en public. Il a appris que l'erreur = danger.

Ce n'était pas un manque de volonté. C'était de la honte cristallisée. Le jour où il a osé se dire :

"J'ai le droit de ne pas tout réussir."
"Je suis digne, même si je rate."
→ Il a lancé son podcast. Et il ne s'est jamais arrêté.

6. LA HONTE DEVIENT UN PORTAIL.

Et si, derrière chaque zone où tu bloques, il y avait :

- un souvenir non digéré

- une blessure mal comprise

- un message à réécrire

La honte, c'est la porte d'entrée. La compassion, c'est la clé. La transmutation, c'est le passage. Tu n'as pas à tout guérir. Tu dois juste ouvrir un peu de lumière là où il y avait de l'ombre.

Tu veux reprendre ton pouvoir ? Alors commence par reconnaître où tu l'as abandonné.

Et surtout, souviens-toi :

La version de toi qui bloque... n'a pas besoin de critique. Elle a besoin d'un bain de douceur. Et dans ce bain... tu redeviens action, vie, mouvement.

CHAPITRE 11 — LIRE LES MESSAGES CACHÉS DE TON INACTION.

"Chaque blocage est un message en morse de ton âme."

1. ET SI TA PROCRASTINATION ÉTAIT UN MESSAGE CODÉ ?

Tu crois que tu évites une tâche. Mais et si tu écoutais autrement ?

Ce que tu fuis n'est pas un simple "truc à faire". C'est une vibration que ton système rejette. Et ce rejet est un indice. Un signal subtil.

La procrastination n'est pas une paresse. C'est un langage intérieur.

Et il ne cherche pas à te bloquer. Il cherche à te parler.

2. APPRENDRE À DÉCODER : 3 QUESTIONS MAGIQUES.

La prochaine fois que tu bloques sur une tâche, pose-toi :

1. **Est-ce que je veux vraiment faire ça ?**
   Ou est-ce une obligation intériorisée ? Une loyauté inconsciente ? Une pression extérieure ?

2. **Qu'est-ce que je ressens dans mon corps quand j'y pense ?**
   Serrage ? Ennui ? Fuite ? Agacement ?
   → Ce sont des messagers vibratoires.

3. **Qu'est-ce que je gagnerais à NE PAS faire cette tâche ?**

(Indice : protection contre l'échec, préservation d'image, évitement de transformation…)

3. L'ORACLE DES TÂCHES ÉVITÉES.

Voici une mini-table de lecture symbolique. Elle ne dit pas "la vérité", mais **ouvre une interprétation intuitive** :

Tâche évitée	Message potentiel caché
Répondre à des emails	Trop de liens énergétiques non choisis. Besoin d'espace.
Ranger	Peur de clore une étape. Résistance au vide créatif.
Écrire	Peur de se dévoiler, de se lire. Inconscient qui protège.
Factures, administratif	Refus des structures imposées. Besoin de reprendre son pouvoir.
Créer un contenu	Peur d'être jugé. Identité encore floue. Besoin de vérité.
Appeler quelqu'un	Inconfort relationnel ou charge karmique non digérée.

Chaque tâche évitée est un **symbole.** Et derrière le symbole... il y a une **blessure ou un trésor.**

4. L'INACTION EST UNE BOUSSOLE ÉMOTIONNELLE.

Quand tu n'arrives pas à faire une action, **ne force pas tout de suite.**

Demande-toi :

- "Qu'est-ce que je protège en bloquant ?"
- "Quelle part de moi refuse d'avancer ?"
- "Et si cette résistance me montrait... une incohérence à corriger ?"

Parfois, ce n'est pas la tâche qu'il faut forcer. C'est la **question intérieure qu'il faut poser.**

MINI-CAS : INÈS, ENTREPRENEURE INTUITIVE.

Inès devait lancer son site depuis 6 mois. Mais elle repoussait. Elle culpabilisait. Un jour, elle décide de tout arrêter. Et elle s'assoit avec une seule question :

"Pourquoi je n'arrive pas à publier ce site ?"

La réponse est venue doucement :

"Parce que ce site ne dit pas la vérité sur ce que je veux vraiment offrir."

Elle change tout. Et en 3 jours, le site est en ligne. Fluide. Authentique. Aligné.

5. LE POUVOIR DE LA TRADUCTION VIBRATOIRE.

Tu peux rester bloqué des semaines… Ou tu peux écouter les signaux avec une oreille d'âme.

Un exemple de réécriture :

"Je procrastine ma newsletter."
devient → "Je sens que mon message n'est pas encore incarné."
Ou → "Je veux plaire, et ça me fait perdre ma voix."
Ou → "J'ai peur d'être visible, car je crois que je ne suis pas prête."

Et dès que le message est nommé… Tu libères l'énergie.

Tu veux avancer ? Commence par écouter où tu bloques. Ce que tu évites… t'éclaire. Ce que tu retardes… t'enseigne. Et ce que tu traduis… te libère. Ta procrastination est ton oracle. Il suffit de savoir comment lui parler.

CHAPITRE 12 — DE L'ACTION À L'EXPRESSION SACRÉE.

"Quand tu es aligné, l'action devient un chant."

1. L'ACTION N'EST PAS TOUJOURS ALIGNÉE.

Beaucoup agissent. Mais peu **s'expriment.**

Il y a une grande différence entre :

- faire une tâche pour avancer
- et poser un acte **qui porte ton essence**

Une action désalignée te fatigue. Une action alignée te régénère.

Et tu sais pourquoi c'est important ? Parce que l'alignement crée le flow. Et le flow… c'est ton pouvoir de manifestation en état pur.

2. LE FLOW COSMIQUE : DÉFINITION.

Le Flow Cosmique, c'est quand :

- l'action vient **d'un centre calme**
- le corps est en mouvement, mais l'âme est posée
- tu ne pousses pas… tu **laisses circuler**
- chaque geste devient **une offrande à ton chemin de vie**

C'est un état où :

- tu ne ressens pas le temps
- les "tâches" deviennent naturelles
- les idées arrivent sans forcer
- les décisions se prennent sans stress

Tu n'es plus dans "l'effort".
Tu es dans la **fréquence juste**.

3. LES SIGNES D'UNE ACTION SACRÉE.

Voici comment savoir si tu agis en alignement profond :

Action forcée	Expression sacrée
Besoin de motivation extérieure	Élan naturel, interne
Peur du résultat, peur du regard	Joie de transmettre
Fatigue après l'action	Énergie augmentée
Sentiment d'obligation ou de routine	Sentiment de sens, de contribution
Besoin de tout contrôler	Confiance dans le processus

4. MINI-CAS : JEAN, CADRE SUPÉRIEUR, 52 ANS.

Jean a tout :

Un bon poste, une maison, une retraite assurée. Mais il se sent vide. Il procrastine des choses simples. Il n'a plus d'élan.

Un jour, il tombe sur une vieille passion : **le bois.** Il commence à sculpter après le travail. Juste une demi-heure.

Et là...

Le temps disparaît. Sa respiration change. Il se sent vivant. Il ne change pas de métier. Mais il change de fréquence. Et peu à peu, il propose dans son entreprise des ateliers de concentration active. Soudain, ses réunions sont différentes. Son énergie revient. Il agit à nouveau... mais depuis son centre.

5. TU N'AS PAS BESOIN DE FAIRE PLUS. TU DOIS FAIRE JUSTE.

Si tu es perdu·e,
Si tu bloques...

Ce n'est pas parce que tu es "mauvais".
C'est peut-être juste que tu fais sans t'exprimer.

Tu exécutes. Mais tu n'incarnes pas. Tu coches des cases. Mais tu n'habites pas tes actions. Quand tu te réalignes... l'action redevient vivante.

6. TRANSFORMER TA TO-DO EN OFFRANDE.

Et si, au lieu d'une liste, tu faisais de **chaque tâche une intention sacrée ?**

Exemple :

- "Écrire l'email" → "Exprimer ma clarté avec bienveillance"

- "Préparer la réunion" → "Créer un espace où chacun peut contribuer"

- "Tourner la vidéo" → "Transmettre un fragment de lumière"

Ce n'est pas du développement personnel. C'est du recentrage existentiel. Tu n'agis plus pour avancer.
Tu agis pour rayonner.

Tu veux sortir de la procrastination ? Commence par sacraliser tes gestes. Chaque action est une note. Chaque journée est un chant. Et ton alignement… est le chef d'orchestre.

Tu n'as pas besoin de motivation. Tu as besoin d'authenticité. Et quand elle est là… Tu ne fais plus. Tu deviens.

PARTIE V : APRÈS LE LIVRE

CHAPITRE 13 — ET MAINTENANT ?

"Tu n'es pas là pour te forcer. Tu es là pour te révéler."

1. TU N'AS PAS BESOIN D'ÊTRE UN AUTRE TOI.

Si tu as lu ce livre jusqu'ici, Ce n'est pas pour **te transformer en quelqu'un d'autre**. C'est pour revenir à toi.

Pas au "toi" version :

- perfectionné
- discipliné
- inarrêtable

Mais au **toi vibrant, réel, complet** — même dans ses silences. Tu n'as pas besoin de faire plus. Tu as juste besoin d'**enlever ce qui t'encombre**. Ce qui n'est pas toi. Ce qu'on t'a collé dessus.

2. LE RÉALIGNEMENT N'EST PAS UN SPRINT.

Tu ne dois pas tout changer cette semaine. Tu n'as pas à être "parfaitement aligné" demain.

Le réalignement est un chemin fluide. Une série de petits virages, pas une ligne droite.

Certains jours tu avances. D'autres tu ralentis. D'autres tu recules… Mais à chaque fois, tu reviens un peu plus à toi.

3. COMMENT CONTINUER MAINTENANT.

Voici quelques **piliers de continuation**, à pratiquer en douceur :

✦ **1. Ton intention du matin.**

Chaque matin, pose cette question :

"Qu'est-ce qui est vivant en moi aujourd'hui ?"
Et "Quelle est la chose la plus alignée que je puisse faire aujourd'hui, même minuscule ?"

Une action sincère > 10 actions forcées.

✦ **2. Ton bilan du soir.**

Avant de dormir, note :

"Ai-je respecté mon rythme ?"
"Où ai-je dit 'oui' alors que je voulais dire 'non' ?"
"Où ai-je été vrai aujourd'hui ?"

Pas pour te juger. Mais pour **t'écouter.**

✦ **3. Ton environnement d'âme.**

Entoure-toi :

- de gens qui te nourrissent
- de sons qui t'élèvent
- d'objets qui vibrent vrai
- de contenus qui activent

Tu es une **fréquence mobile.** Ce que tu consommes, tu deviens.

4. INTÉGRER L'ALIGNEMENT DANS TOUS LES DOMAINES.

L'alignement, ce n'est pas juste pour "bosser mieux". C'est pour **vivre plus vrai.**

Regarde chaque domaine :

Domaine	Question d'alignement
Travail	Est-ce que je fais ce que je suis ?
Relations	Est-ce que je me sens libre et vu ?
Corps	Est-ce que je respecte mon énergie ?
Argent	Est-ce que je reçois en étant moi ?
Spiritualité	Est-ce que je suis connecté·e au-delà du mental ?

Ce n'est pas tout ou rien. C'est une **recalibration constante.**

CONCLUSION - ET SI TU AVAIS TOUT COMPRIS DEPUIS LE DÉBUT ?

CE QUE L'ON T'A FAIT CROIRE :

Que la procrastination est un problème personnel.
Un manque de motivation, de volonté ou de discipline.
Un bug à corriger, un défaut à effacer, une faiblesse à cacher.

Mais si on s'était trompé depuis le départ ?
Et si **ce que tu ressens n'était pas une erreur**, mais **un message sacré** ?

CE QU'ELLE EST EN RÉALITÉ :

La procrastination est **un mécanisme de protection énergétique**. Elle agit comme **un signal intelligent**, émis par ton corps et ton âme pour t'indiquer que **l'action prévue ne te correspond pas**. Pas à ton rythme. Pas à ta vérité. Pas à ta fréquence.

Ce n'est pas de la paresse. C'est **une réponse vibratoire à une dissonance intérieure**.

CE QUE TU RESSENS N'EST PAS UN BLOCAGE.

C'est un **désaccord entre** :

- Ce que **ton mental croit devoir faire** (souvent pour plaire, performer ou valider une attente),

- Et ce que **ton énergie profonde est prête à embrasser** (selon ton propre plan d'évolution).

IL EXISTE 3 FORMES DE PROCRASTINATION – TOUTES NATURELLES :

Procrastination karmique.
Quand tu bloques face à une tâche, sans comprendre pourquoi, il se peut que ton inconscient réagisse à une **mémoire ancienne**. Des blessures non résolues, liées à l'action, la punition, ou la peur de l'échec.

Procrastination de désalignement.
Parfois, ce n'est pas le moment. Ou ce n'est simplement **pas ton chemin**. Tu sens une résistance physique ou mentale ? Ce n'est pas un caprice. C'est peut-être un **non profond à une direction imposée**.

Procrastination d'incubation.
Il ne se passe rien ? C'est que **quelque chose se prépare**. L'énergie est encore en maturation. Ce n'est pas un vide : c'est une phase d'intégration. Comme une graine sous terre avant de germer.

TON CORPS SAIT.

Il n'est pas "contre" toi. Il est **ton allié** le plus subtil. Il ressent l'énergie avant que tu la comprennes mentalement. Et il t'envoie des signaux : fatigue, flemme, tension, fuite. Ce sont **des oracles biologiques**, pas des erreurs.

UNE VÉRITÉ RAREMENT DITE...

Dans certains cercles spirituels, il est dit que **les âmes les plus sensibles et les plus éveillées procrastinent le plus**. Non pas par faiblesse. Mais parce qu'elles ne peuvent **plus se forcer**. Elles ressentent l'incohérence avant tout le monde. Et **refusent instinctivement** ce qui n'a pas de sens, ce qui n'est pas juste.

ALORS, QUE FAIRE ?

Ne combats pas ta procrastination.
Interroge-la.

➤ Qu'est-ce que j'essaie de faire ?
➤ Est-ce que ça me vide ou ça me nourrit ?
➤ Est-ce que je le fais par fidélité, par peur, ou par amour ?

Et si tu dois le faire...
Fais-le autrement. À ton heure. À ta manière.
Change la forme, pas l'intention.

Parle, écris, avance… **quand ton énergie est d'accord**.
Et si elle ne l'est pas, **respecte-la**.
Ce n'est pas de la paresse. C'est de l'écoute.

SOUVIENS-TOI :

L'univers ne répond pas à ta to-do list.
Il répond à **la vibration que tu émanes**.

ET SI ON CHANGEAIT DE REGARD ?

Et si la procrastination n'était pas un obstacle… mais **une porte** vers une version plus juste de toi-même ?

Quand tu l'écoutes, elle **t'ouvre un passage**.
Quand tu la rejettes, elle **te referme sur toi-même**.

Et si tu cessais de la fuir ?
Et si tu faisais de ta procrastination… un guide ?

SECTION FAQ — CE QU'ON ME DEMANDE SOUVENT …. (OU CE QUE TU PENSAIS TOUT BAS).

"Et si j'ai des enfants, un job prenant, ou zéro temps pour moi ?"

Ce n'est pas une question de quantité de temps, mais de qualité de présence. Même 3 minutes par jour, alignées, peuvent réaligner une semaine entière. Ce que tu donnes à toi-même, même en micro-dose, reprogramme ton système interne.

Mini-rituel : au réveil, pose ta main sur ton cœur et dis : "Je me choisis. Même un peu. Chaque jour."

"Mais je suis obligé(e) de faire des choses que je n'aime pas dans la vie, non ?"

Oui. Mais tu peux les faire depuis une énergie différente. Ce livre ne te dit pas de tout quitter. Il t'apprend à ne plus t'abandonner dans ce que tu fais.

Même une tâche imposée devient plus fluide quand :

- tu te rappelles pourquoi tu la fais.

- tu te prépares énergétiquement avant (musique, respiration, intention).

- tu choisis de reprendre ton pouvoir à la fin.

"Est-ce que procrastiner veut dire que je ne suis pas assez discipliné(e) ?"

Pas du tout. Tu n'es pas paresseux·se. Tu es désaligné·e.

La discipline sans sens devient une prison. La discipline avec alignement devient une autoroute.

Ce livre ne t'a pas donné des to-do lists. Il t'a offert une boussole intérieure. Et maintenant, tu peux avancer sans forcer.

"Parfois je ressens encore un grand vide. Même avec tout ce que j'ai appris."

Normal. Ce vide n'est pas une erreur. C'est un sas. C'est l'espace entre ton ancienne version et la nouvelle.

Conseil : ne le remplis pas trop vite. Écoute ce vide. C'est souvent là que l'inspiration sacrée arrive.

"Et si mon entourage ne me comprend pas ?"

Tu n'as pas à te faire comprendre. Tu as à te comprendre toi-même d'abord. Et quand tu avances avec cohérence, les autres soit s'alignent, soit se réorganisent autour de ta vibration. Ta cohérence intérieure devient ton langage universel.

"Par quoi je commence, concrètement, demain matin ?"

Commence par te choisir. Choisis une tâche. Une seule. Mais choisis-la depuis ton ressenti, pas depuis ton mental. Et avance sans culpabiliser si tu fais moins.

Exemple :

"Je vais écrire 10 minutes sur mon projet."
Pas "Je dois écrire un livre entier d'ici jeudi."

"Comment ne pas retomber dans mes anciens schémas ?"

Tu ne tomberas pas. Tu danseras avec eux différemment. Ce livre t'a rendu conscient·e. Et la conscience ne se désactive pas. Même si tu re-bloques, tu sauras pourquoi. Et tu sauras comment revenir à toi, plus vite, plus doucement.

"Je procrastine surtout quand il s'agit de mes rêves. Pourquoi ?"

Parce que tes rêves… te confrontent à ta puissance. Et ça fait peur. Tu ne procrastines pas parce que tu es faible. Tu procrastines parce que tu pressens que si tu t'y mets… tout va changer. Et tu ne sais pas encore si tu es prête.

Spoiler : tu l'es.

"Pourquoi je repousse toujours la salle de sport alors que je sais que ça me ferait du bien ?"

Parce que ton mental a associé effort = contrainte, et non mouvement = libération. Si ton corps pense que "aller à la salle" = obligation → il résiste. Et si tu faisais autrement, pour débloquer l'énergie sans pression ?

- Marche 15 minutes en pleine conscience.
- Mets une musique et bouge ton corps sans logique.
- Nettoie ton espace en rythme (le ménage devient une danse énergétique).
- Respire 4 fois profondément debout, bras ouverts → et sens ce qui change.

Le corps a juste besoin de mouvement naturel, pas de salle, pas d'abonnement. L'élan vient quand tu fais de la place à l'intérieur. Tu ne fuis pas le sport. Tu fuis l'injonction. Et ton âme préfère le mouvement libre au cadre rigide.

Choisis l'heure où ton énergie est naturellement haute. *Tu ne procrastines pas la salle. Tu fuis un cadre qui n'est pas le tien.*

"Pourquoi je repousse toujours l'administratif, les papiers, les mails ?"

Parce que ce sont des tâches sans gratification immédiate. Et ton cerveau, s'il est en mode survie ou surcharge, les interprète comme inutiles. La procrastination de l'administratif, c'est souvent un symptôme de saturation mentale.

Astuce : crée un "rendez-vous neutre" avec toi-même.
15 minutes, timer, musique douce, sans pression. Et surtout : visualise l'après → la légèreté, la clarté retrouvée.

"Je veux lancer un projet créatif mais je bloque depuis des mois. Pourquoi ?"

Parce que ce n'est pas qu'un projet. C'est un morceau de toi que tu veux exposer. Et l'âme a parfois peur de se montrer nue. Tu ne procrastines pas. Tu protèges une part sacrée de toi.

Mais rappelle-toi ceci : Ce que tu n'exprimes pas devient frustration. Ce que tu offres, même imparfait, devient lumière.

"Je commence tout… et je ne finis rien."

Tu es peut-être multidirectionnelle. Tu n'es pas faite pour finir, tu es faite pour initier, activer, semer. Mais dans ce cas, crée des cycles courts et clairs, avec une fin visible :

"Je vais écrire 3 pages."
"Je range ce tiroir, pas toute la maison."

Ton énergie n'est pas "inconstante". Elle est cyclique. Apprends ton vrai rythme.

"Et si je n'ai juste pas envie ? Est-ce que je dois forcer quand même ?"

Pas forcément. Demande-toi :
→ Est-ce un "je n'ai pas envie" de résistance mentale ?
→ Ou un "je n'ai pas envie" de sagesse intérieure ?

Si c'est le second : respecte-le.
Si c'est le premier : reviens au pourquoi.

L'élan vient parfois après le premier pas, pas avant.

SI TU RESSENS ÇA... → ALORS...

Tu es fatigué·e sans raison, même après avoir dormi.
→ Ton corps refuse une action non alignée. Ce n'est pas du repos qu'il te faut... c'est du sens.

Tu repousses sans cesse une tâche sans comprendre pourquoi.
→ Ce que tu t'apprêtes à faire n'est peut-être pas pour toi. C'est un rejet énergétique, pas un manque de volonté.

Tu culpabilises de ne rien faire.
→ Tu as intégré un rythme extérieur. Mais l'inaction peut être un espace sacré de recalibrage. Écoute-le.

Tu sens un vide intérieur malgré un quotidien "rempli".
→ Tu coches des cases, pas ton cœur. Tu vis peut-être la déconnexion de ton essence.

Ton corps est lourd, tendu, crispé à l'idée d'agir.
→ Ton énergie dit non. Ce n'est pas un bug... c'est une alarme subtile à entendre.

Tu ressens une envie de tout abandonner et recommencer.
→ Tu arrives à la fin d'un cycle. Ce n'est pas un échec, c'est un signal de renaissance.

Tu doutes en permanence de ce que tu fais.
→ Tu agis peut-être par peur, pression ou loyauté à une ancienne version de toi. Ton âme, elle, veut la vérité.

Tout semble flou, même les choses que tu aimais faire.

→ Tu es en transition vibratoire. Ce flou est normal. Laisse-toi le droit de ne pas savoir… pour mieux ressentir.

Tu ressens un trop-plein mental constant.

→ Tu es en saturation énergétique. Ce n'est pas une question de to-do, mais de "trop".

Tu veux avancer, mais rien ne sort.

→ Ce n'est pas l'heure d'agir. C'est peut-être l'heure d'écouter, de semer autrement, ou de changer de direction.

Pour toute question, retour, collaboration, presse ou simple message de votre part, vous pouvez m'écrire à : **hello@mariemeseck.com**

Je me ferai un plaisir de vous lire.

Site Internet : **www.mariemeseck.com**

Impression Responsable = Ce livre est imprimé à la demande (print-on-demand), dans une démarche éco-responsable. Cela permet de limiter les stocks, le gaspillage et de s'aligner avec des valeurs plus conscientes. Merci.